BEI GRIN MACHT SICH IHR WISSEN BEZAHLT

Jael Szajak

Der Tripp-Trapp-Stuhl

Aus markenrechtlicher, wettbewerbsrechtlicher und urheberrechtlicher Sicht

GRIN Verlag

Bibliografische Information der Deutschen Nationalbibliothek:

Die Deutsche Bibliothek verzeichnet diese Publikation in der Deutschen National-
bibliografie; detaillierte bibliografische Daten sind im Internet über http://dnb.d-
nb.de/ abrufbar.

Impressum:

Copyright © 2012 GRIN Verlag GmbH
Druck und Bindung: Books on Demand GmbH, Norderstedt Germany
ISBN: 978-3-656-16415-9

Dieses Buch bei GRIN:

http://www.grin.com/de/e-book/191526/der-tripp-trapp-stuhl

GRIN - Your knowledge has value

Der GRIN Verlag publiziert seit 1998 wissenschaftliche Arbeiten von Studenten, Hochschullehrern und anderen Akademikern als eBook und gedrucktes Buch. Die Verlagswebsite www.grin.com ist die ideale Plattform zur Veröffentlichung von Hausarbeiten, Abschlussarbeiten, wissenschaftlichen Aufsätzen, Dissertationen und Fachbüchern.

Besuchen Sie uns im Internet:

http://www.grin.com/

http://www.facebook.com/grincom

http://www.twitter.com/grin_com

Der Tripp-Trapp-Stuhl

Schutz vor Imitationen aus urheberrechtlicher, markenrechtlicher und
wettbewerbsrechtlicher Sicht

Jael Szajak

16.03.2012

Inhaltsverzeichnis

I Einleitung

1.1 Sachverhalte

Diese Themenhausarbeit setzt sich mit der urheberrechtlichen, marken-rechtlichen und wettbewerbsrechtlichen Problematik bei Imitationen des Tripp-Trapp Stuhls auseinander. Hierzu werden mehrere mit dem Stuhl in Zusammenhang stehende Gerichtsurteile dargelegt, analysiert und gegebenenfalls mit anderen Urteilen verglichen.

Zunächst beschäftigt sich die Hausarbeit mit folgendem Urteil:

Das BGH-Urteil vom 14.05.2009 „Berechnung des Verletzergewinns in der Absatzkette – Tripp-Trapp-Stuhl" beinhaltet die Schadenersatz-forderung der Klägerin in Form der Herausgabe des Verletzergewinns gem. § 97 Abs. 2 UrhG.[1] Sie ist Urheberin des originalen und weithin bekannten Kinderhochstuhls „Tripp-Trapp" und Inhaberin der ausschließlichen, ihrer Meinung nach verletzten, Nutzungsrechte.[2] Die Beklagte vertrieb von 1997-2002 den ähnlich gestalteten Kinderhochstuhl „Alpha", der mit Ausnahme zusätzlicher Stützleisten, dem „Tripp-Trapp"-Stuhl in Hinblick auf sein L-förmiges, geradliniges Design ähnlich sieht.[3] Er wurde seitens der Beklagten von den Lieferanten Hauck Ltd. Hong Kong und der Hauck GmbH & Co. KG bezogen.[4] Das zweite in dieser Hausarbeit berücksichtigte Urteil beleuchtet die Tripp-Trapp Stuhl-Thematik aus marken- und wettbewerbsrechtlicher Sicht: Hier fordert die Klägerin Unterlassung nach §14 Abs. 2 Nr. 1 und Abs. 5 MarkenG. Sie ist Inhaberin der für Möbel eingetragenen Wortmarken "TRIPP TRAPP", "STOKKE" sowie der Gemeinschaftsmarke "TRIP TRAP".[5] Die Beklagte betreibt im Internet unter www.ebay.de eine Plattform, auf der sowohl Privatleute als auch Gewerbetreibende gegen Entgelt Waren zur Versteigerung oder zum Kauf anbieten können.[6] Hier wurden seitens der Mitglieder Kinderhochstühle angeboten, die mit Formulierungen „wie Stocke", „wie Tripp-Trapp" und ähnlichen Beschreibungen beworben wurden. Darüber hinaus warb die Beklagte bei Google für diese Auktionen mit Anzeigen, deren Link zu den angebotenen Fremdfabrikaten führten, woraus ihrer Ansicht nach weitere Ansprüche aus §8 Abs. 1 UWG entstehen.[7]

---

[1] BGH, NJW 2009, S. 3722.

[2] BGH, NJW 2009, S. 3722.

[3] BGH, NJW 2009, S. 3722, Rdnr. 4.

[4] BGH, NJW 2009, S. 3722.

[5] Wettbewerb in Recht und Praxis, Heft 2011/02 S. 223-230 / Rechtsprechung.

[6] Wettbewerb in Recht und Praxis, Heft 2011/02 S. 223-230.

[7] Wettbewerb in Recht und Praxis, Heft 2011/02 S. 223-230.

Es geht in dieser Arbeit darum, zu erläutern, ob und inwiefern zum einen Ansprüche bestehen und an welchen Stellen Rechte verletzt wurden. Wie weit kann die Haftung in einzelnen Fällen reichen - so zum Beispiel bei einzelnen Verletzern innerhalb einer Verletzerkette oder als Anbieter einer Plattform wie Ebay? Was unterscheidet die freie Benutzung geschützter Werke von der unfreien Bearbeitung dieser? Dafür wird der Hauptteil in die einzelnen Rechtsgrundlagen untergliedert: die urheberrechtliche, markenrechtliche und die wettbewerbsrechtliche Betrachtung. Es folgt das Fazit, das abschließend noch folgenden Fragen diskutiert: Wie weit dürfen die Grenzen des Urheberschutzes gefasst werden? Wann wird freier Wettbewerb zu sehr eingeschränkt? Und was bedeutet dies für die „kreativen Köpfe" unserer Gesellschaft?

II Hauptteil - Richterliche Würdigung des BGH

1. Die Urheberrechtsverletzung

1.1 Urheberrecht oder sonstiges Recht

Wie bereits in der Einleitung knapp beschrieben, stellt die Klägerin den von ihr vertriebenen Kinderhochstuhl „Tripp-Trapp" her.[8] Zunächst, um beurteilen zu können, ob Ansprüche ihrerseits bestehen, muss die Voraus-setzung erfüllt sein, dass es sich bei dem „Tripp-Trapp" Stuhl überhaupt um eine persönliche geistige Schöpfung (§2 Abs. 2 UrhG) und somit ein schützenswertes Werk nach §2 UrhG handelt. Dafür ist zu prüfen, ob der Stuhl die Kriterien eines schützenswerten Werkes erfüllt: Er eine persönliche Schöpfung mit geistigem Inhalt, da er durch einen Menschen geschaffen wurde und durch die markante gut wiedererkennbare L-Form und die Funktionalität der verstellbaren Treppchen, das Design über das Aussehen eines rein handwerklich erstellten Erzeugnisses hinausgeht.[9] [10] Weitere Voraussetzungen, die der Stuhl erfüllen muss, sind die der Wahrnehmbarkeit und die der Individualität.[11] Vor allem bei letzterer sind keine hohen Anforderungen zu stellen.[12] Ausreichend ist die objektive Eigentümlichkeit oder Originalität, die über die alltägliche Gestaltung hinausgeht.[13] Ein wichtiger Aspekt der Schutzfähigkeit eines Werkes ist ebenfalls die Gestaltungshöhe.[14] Bei Werken angewandter Kunst, wie etwa Bedarfs- oder Gebrauchsgegenständen, die bestimmten Aufgaben dienen und zugleich künstlerisch gestaltet wurden, wird eine höhere Gestaltungs-höhe gefordert, als bei Werken zweckfreier

---

[8] Rechtsanwalt Dr. Volker Schoene Kommentar BGH, Urteil vom 14.05.2009.

[9] Wandtke, Urheberrecht, S. 61 Rdnr. 2.

[10] Wandtke, Urheberrecht, S. 61 Rdnr. 3.

[11] Wandtke, Urheberrecht, S. 61 Rdnr. 4 und S. 62 Rdnr. 5.

[12] Wandtke, Urheberrecht, S. 62 Rdnr. 5.

[13] Wandtke, Urheberrecht, S. 62 Rdnr. 5.

[14] Wandtke, Urheberrecht, S. 61 Rdnr. 1.

Kunst.[15] [16] Diese fordert zwar nur, dass das Werk sich aus „der Masse des Herkömmlichen" heraushebt, ist aber vor allem nicht zu niedrig anzusetzen, da der Urheberrechtsschutz bis 70 Jahre nach dem Tod des Urhebers andauert (§ 64 UrhG) und somit einfache Alltagserzeugnisse diesen Schutz nicht genießen sollen (sog. Schutz der kleinen Münze).[17] Die Erzeugnisse mit geringerer Gestaltungs-höhe fallen unter die Reglungen des Geschmacksmustergesetzes, weshalb es auch nach der Rechtsprechung als sogenanntes „kleineres Urheberrecht" oder als „Unterbau des Urheberrechts" zu bezeichnen ist.[18] [19] Hier ist die benötigte Schöpfungsqualität erreicht, da man sich im Fall des „Tripp-Trapp" Stuhls zur Begründung der Schutzfähigkeit auf den „besonderen gestalterischen „Witz"", eines frei schwebenden bzw. ungestützten Charakters, berufen kann.[20] Auch die Tatsache, dass der „Tripp-Trapp" Stuhl auf vorbekannten Formenschatz zurückgreift, ändert nichts an seiner Schutzfähigkeit, da in der Wahrnehmung der angesprochenen Verkehrs-kreise dieser vorbekannte Formenschatz in den Hintergrund trete.[21] Weiter erläutert das Urteil, dass obwohl zum Zeitpunkt der Werkschöpfung des „Tripp-Trapp" Stuhls verschiedene Kinderhochstühle bekannt gewesen seien, die ähnliche Merkmale aufwiesen, der „Tripp-Trapp" Stuhl in seinem ästhetischen Gesamteindruck von allen vorbekannten Formen abweiche und auch bereits im Jahre 1997 ein weithin bekanntes „Trendsetter" Möbelstück gewesen sei.[22] Insoweit ist ebenfalls die Geltendmachung der Beklagten, sie hätte sich auf die Rechtmäßigkeit der Herstellung verlassen dürfen, vergeblich.[23] Ferner sei es „völlig lebensfremd" auszuschließen, dass die Beklagte von der Existenz des „Tripp-Trapp" gewusst habe und es könne hier nicht mehr von lediglich leichter Fahrlässigkeit ausgegangen werden.[24] §2 Abs. 1 UrhG listet beispielhaft einige persönlich geistige Schöpfungen auf, worunter der „Tripp-Trapp" Stuhl als Werk der angewandten Kunst nach §2 Nr. 4 UrhG fällt, und bildet die Grundlage für urheberrechtliche Ansprüche.[25]

---

[15] Wandtke, Urheberrecht, S. 62 Rdnr. 7.

[16] Wandtke, Urheberrecht, S. 72 Rdnr. 52.

[17] Wandtke, Urheberrecht, S. 62 Rdnr. 8 u. 9.;BGH GRUR 1983, 377,378 –Brombeermuster;Wandtke/Bullinger§2 Rdnr. 23.

[18] Vgl. dazu eingehender Wöhrn S. 131 ff.

[19] Wandtke, Urheberrecht, S. 72 Rdnr. 52.

[20] BGH, NJW 2009, S. 3722, Rdnr. 6.

[21] BGH, NJW 2009, S. 3722, Rdnr. 6.

[22] BGH, NJW 2009, S. 3727, Rdnr. 52 und 55.

[23] BGH, NJW 2009, S. 3727, Rdnr. 55.

[24] BGH, NJW 2009, S. 3727, Rdnr. 55.

[25] BGH, NJW 2009, S. 3722, Rdnr. 5.

1.2 Verletzung

a) Urheberpersönlichkeitsrechte

Bei der Betrachtung von Urheberrechten in ihrer objektiven und subjektiven Ausgestaltung ist zwischen zwei Formen zu unterscheiden: dem Schutz der materiellen Interessen mit Hilfe der Verwertungsrechte (siehe nächstes Unterkapitel: 1.2 b); §§ 15 ff. UrhG) und den ideellen Interessen in Form von Urheberpersönlichkeitsrechten (§§12 ff. UrhG).[26] Dazu gehört beispielsweise das Veröffentlichungsrecht (§12 UrhG). Es ist fraglich, ob die Veröffentlichung einer Bearbeitung als erneute erstmalige Veröffentlichung gilt. Ebenfalls dazu zu zählen ist die Anerkennung der Urheberschaft (§13 UrhG). Für eine Verletzung dieser hätte die Beklagte allerdings ihre Ware als originales Werk kennzeichnen müssen, was nicht der Fall war.[27] Die Entstellung nach §14 UrhG ist ebenfalls fraglich, da eine Umarbeitung durch die zusätzliche Strebe als technischer Natur gedeutet werden könnte.

b) Verwertungsrechte

Die Verwertungsrechte sind in den §§15 bis 23 UrhG geregelt. §15 gibt vor, dass zwischen körperlichen, so z.b. Verfielfältigungs- und Verbreitungsrechte, und der unkörperlichen Verwertung eines Werkes, worunter z.b. Aufführungs- und Vorführungsrechte fallen, unterschieden werden muss.[28] Sie beschreiben im Grunde die wirtschaftliche Nutzung der Werke und somit auch die Möglichkeit finanziellen Gewinn zu erzielen.[29] Um eine unrechtmäßige Vervielfältigung nach § 16 UrhG zu begründen, muss eine unzulässige Bearbeitung nach §23 UrhG vorliegen. Auch im Falle des „Tripp-Trapp" Stuhls musste zwischen dieser und der zulässigen freien Benutzung nach §24 UrhG, der eine Schranke für die Urheberrechtsverletzung bildet, unterschieden werden.[30] Eine freie Benutzung liegt nur dann vor, wenn die Züge des benutzten Werkes hinter denjenigen des auf diese Weise neu geschaffenen Werkes verblassen.[31] Der Benutzer soll, angeregt durch das fremde Werk, eine„ völlig selb-ständige Neuschöpfung" schaffen und sich auf diese Weise keine eigenen Bemühungen ersparen.[32] Diese Abgrenzung kann im Einzelfall, wie auch im „Tripp-Trapp" Stuhl-Fall schwierig sein, wenn auch grundsätzlich strenge Anforderungen an das Vorliegen einer freien Benutzung zu stellen sind.[33] [34] So

---

[26] Wandtke, Urheberrecht, S. 33 f. Rdnr. 57.

27 Dreier/Schulze/Schulze, § 13, Rn. 15-16.

28 Wandtke, Urheberrecht, S. 130 Rdnr. 75.

29 Dreyer/Schulze, §15 Rdnr. 1.

30 BGH, NJW 2009, S. 3724, Rdnr. 24.

31 Dreyer/Schulze, §23 Rdnr. 4.

32 Dreyer/Schulze, §24 Rdnr. 5.

33 Wandtke, Urheberrecht, S. 153 Rdnr. 176.

argumentierte in der Revision die Beklagte, dass des „Tripp-Trapp" Stuhls entscheidendes gestalterisches Merkmal vor allem in seiner „L"-Form aus der Seitenansicht läge und dies den Gesamteindruck präge.[35] Nur, wenn diese Züge auch für den „Alpha" Stuhl charakteristisch wären, ließe sich von einer unfreien Bearbeitung nach §23 UrhG sprechen.[36] Die Elemente des Freischwebenden und Ungestützten ließen sich in der Form des „Alpha" Stuhls nicht erkennen, da durch die zusätzlichen hinteren Stützstreben der Stuhl keine offene Dreiecksform mehr aufweise.[37] Dies führe insgesamt zu einem kompakteren und stabileren Eindruck.[38] Diese Argumentation der Beklagten änderte nicht die Beurteilung desTatrichters, der „Alpha" behielte die noch immer klaren Züge des Originals.[39][40] So urteilte auch der BGH mit der Erklärung, dass trotz eines gewissen Bemühens um die Herausarbeitung von Unterschieden der „erforderliche Abstand nicht eingehalten wurde" und der „Alpha" Stuhl nicht z.B. als Bearbeitung nach §3 UrhG angesehen werden kann.[41] Die isolierte Betrachtung einzelner Unterschiede wäre nicht von Belang.[42] Denn der kunstinteressierte Betrachter kenne das geschützte Werk, sodass Über-einstimmungen ein erheblich höheres Gewicht hätten als Abweichungen.[43] Weiter führte er aus, dass maßgebend für die Entscheidung letztlich ein Vergleich des jeweiligen Gesamteindrucks der Gestaltungen ist, in dessen Rahmen „sämtliche übernommenen schöpferischen Züge in einer Gesamtschau" zu berücksichtigen sind.[44] Somit erklärte er den „Alpha" Stuhl als eine rechtverletzende Nachbildung in Form einer unfreien Bearbeitung im Sinne des §23 UrhG und nicht zu einer zulässigen freien Benutzung nach §24 Absatz 1 UrhG.[45]

1.3 Zulässigkeit

a) Einwilligung und Einräumung

Bevor mögliche Rechtsfolgen diskutiert werden,müssen eine Einwilligung, ob ausdrücklich oder konkludent, oder Einräumung, durch beispielsweise einen Vertrag, nach § 31 UrhG, ausgeschlossen sein.

---

34 Dreyer/Schulze, §24 Rdnr. 9.

35 BGH, NJW 2009, S. 3722 u. S. 3724, Rdnr. 25.

36 BGH, NJW 2009, S. 3724, Rdnr. 25.

37 BGH, NJW 2009, S. 3724, Rdnr. 25.

38 BGH, NJW 2009, S. 3724, Rdnr. 25.

39 BGH, NJW 2009, S. 3724, Rdnr. 26.

40 Rechtsanwalt Dr. Volker Schoene Kommentar BGH, Urteil vom 14.05.2009.

41 BGH, NJW 2009, S. 3724, Rdnr. 24.

42 Rechtsanwalt Dr. Volker Schoene Kommentar BGH, Urteil vom 14.05.2009.

43 Rechtsanwalt Dr. Volker Schoene Kommentar BGH, Urteil vom 14.05.2009.

44 BGH, NJW 2009, S. 3724, Rdnr. 23.

45 BGH, Urteil vom 14. 5. 2009 - I ZR 98/06 (OLG Hamburg).

[46] Sie würden eine Inanspruchnahme der Beklagten ausschließen. Die Einwilligung bezieht sich hier nicht auf die Herstellung einer Bearbeitung, sondern nur auf die Veröffentlichung oder, wie hier, Verwertung.[47] Demnach darf jeder ein fremdes Werk bearbeiten oder umgestalten – soweit nicht ein Fall von §23 S. 2 UrhG vorliegt - und es nicht veröffentlicht oder verwertet wird.[48] Zwischen der Klägerin und der Beklagten gab es weder einen Vertrag, noch eine ausdrückliche oder konkludente Einwilligung.[49] Zwar wurde die Hauck GmbH & Co. KG, die Lieferant der Beklagten war, bereits in einem Vorprozess weitgehend erfolgreich in Anspruch genommen, jedoch lässt sich daraus keine nachträgliche, konkludente Genehmigung oder Erschöpfung des Verbreitungsrechts ableiten.[50] Allein in der Geltend-machung und Entgegennahme von Schadensersatzwegen ist grundsätzlich keine Genehmigung des unbefugten Inverkehrbringens zu sehen.[51]

b) Schranken

Ebenfalls zu prüfen ist, ob es mögliche Schranken gibt. Diese sind grundsätzlich eng auszulegende Ausnahmevorschriften, die die ausschließliche Verwertungsbefugnis des Urhebers beeinträchtigen.[52] [53] Hier kämen neben dem bereits ausgeschlossenen §24 UrhG beispielsweise §44a oder §53 UrhG in Frage. Beide sind jedoch auszuschließen, da es sich um eine wirtschaftliche Nutzung des Werkes handelte, die weder vorrübergehend noch flüchtig war.

c) Zurechnung zu der Beklagten

Bei der Feststellung einer möglicher Schuldhöhe und ob die Beklagte überhaupt belangt werden kann, muss berücksichtigt werden, dass bereits ein „vorangegangener" Verletzer in der Verletzerkette in Anspruch genommen wurde.[54] Das Berufungsgericht schloss sich so vorher z.b. der Position der Beklagten an, verwies auf die Lehre der Erschöpfung und das Wesen der Gesamtschuld und erklärte der Verletzten ein Anspruch auf Herausgabe des Verletzergewinns grundsätzlich nur einmal zu.[55] Es erklärte

---

46 BGH, NJW 2009, S. 3723, Rdnr. 22.

[47] Wandtke, Urheberrecht, S. 151 Rdnr. 168.

[48] Schack, Rdnr. 424.

[49] BGH, NJW 2009, S. 3723, Rdnr. 22.

[50] BGH, NJW 2009, S. 3722 und 3723, Rdnr. 22.

[51] BGH, NJW 2009, S. 3728, Rdnr. 64.

[52] Wandtke, Urheberrecht, S. 239 Rdnr. 16.

[53] Wandtke, Urheberrecht, S. 238 Rdnr. 12.

[54] BGH, NJW 2009, S. 3722.

[55] Arnold, Slopek: NJW 2009, 3694.

diese Entscheidung mit der Begründung, dass der Verletzte bei stufenmäßig aufeinanderfolgenden Benutzungshandlungen an derselben Sache im Ergebnis nicht besser gestellt sein könne als bei einer einzelnen Benutzungshandlung.[56] Der BGH hingegen entschied, dass Ausgleichs-ansprüche eines Verletzten gegenüber nachfolgenden Verletzern nicht ausgeschlossen sind, dass jedoch, wenn vorangegangene Verletzer Schadenersatz geleistet haben, dies in der Bemessung zu berücksichtigen ist.[57] So wird der Gewinn des Herstellers um die Ersatzzahlungen gemindert, die er an nachgelagerte Stellen der Verletzerkette zahlen muss.[58] Es wird so verhindert, dass der Verletzte sich unverhältnismäßig an der Verletzung bereichert. [59] Dagegen sind Ersatzzahlungen, die der Verletzer deshalb an seine Abnehmer geleistet hat, weil diese am Weiter-vertrieb gehindert sind, nicht abzuziehen.[60] Die Erklärung dafür ist, dass bei der Bemessung des Schadenersatzes anhand des Verletzergewinns der Gewinn fingiert werden soll, den der Rechtsinhaber ohne die Rechts-verletzung durch Verwertung seines Schutzrechts erzielt hätte.[61] Dass dieser nicht durch Schadenersatz-zahlungen an die Abnehmer geschmälert worden wäre, liegt auf der Hand,und wird von daher nicht berücksichtigt.[62] Weiter lehnte der BGH die Annahme ab, dass es sich bei den Verletzern im Fall der Verletzerkette um Gesamtschuldner i. S. von §§421 ff. BGB handele.[63] Die Voraussetzung dafür wäre laut § 830 Absatz 1 BGB, dass die Verletzer nach §840 Absatz 1 BGB die unerlaubte Handlung gemeinschaftlich begangen hätten oder für den aus einer unerlaubten Handlung entstehenden Schaden nebeneinander verantwortlich wären, und wäre nach §422 Absatz 1 BGB anspruchsmindernd zu berücksichtigen.[64] Dafür müsste es sich aber um denselben einheitlichen Schaden handeln, da es sonst an der inneren Verbundenheit der Schadenersatzforderung fehle.[65] Da aber laut BGH jeder Verletzer innerhalb der Verletzerkette erneut in das ausschließlich dem Rechtsinhaber zugewiesene Verbreitungsrecht eingreift, ist ein solcher einheitlicher Schaden zu verneinen und eine gesamtschuldnerische Betrachtung auszuschließen.[66]

---

[56] Arnold, Slopek: NJW 2009, 3694.

[57] BGH, NJW 2009, S. 3728 Rdnr. 62.

[58] BGH, NJW 2009, S. 3730 Rdnr. 78.

[59] BGH, NJW 2009, S. 3730 Rdnr. 78.

[60] Dreyer/Kotthoff/Meckel, S. 1085 Rdnr. 30.

[61] Dreyer/Kotthoff/Meckel, S. 1085 Rdnr. 30.

[62] Dreyer/Kotthoff/Meckel, S. 1085 Rdnr. 30.

[63] Arnold, Slopek: NJW 2009, 3694.

[64] Arnold, Slopek: NJW 2009, 3694.

[65] Arnold, Slopek: NJW 2009, 3694.

[66] Arnold, Slopek: NJW 2009, 3694.

1.4 Rechtsfolgen

a) Unterlassung

Nach §97 Absatz 1 UrhG besitzt die Klägerin also einen Anspruch auf Unterlassung. Da sie bereits vorgelagerte Produktions- und Vertriebsstufen auf Unterlassung in Anspruch genommen hat, ist dies überflüssig, da eine weitere Bestellung der Beklagten jetzt nicht mehr möglich ist.[67]

b) Schadenersatz

Die von der Klägerin geforderte Rechtsfolge ist die Herausgabe des Verletzergewinns beruhend auf der Rechtsgrundlage des §97 Abs. 2 S. 2 UrhG. Diese gibt, anders als bei der Lizenzanalogie, dem Verletzten das Recht an Stelle des Schadenersatzes die Herausgabe des Gewinns zu verlangen, den der Verletzer durch die Verletzung des Rechts erzielt hat.[68] Wenn das unbefugt genutzte Werk wie hier nicht das Original, sondern nur eine abhängige Bearbeitung darstellt, kann der Verletzte nur denjenigen Teil des Gewinns beanspruchen, der auf der unbefugten Benutzung des geschützten Originals beruht.[69] So sagt auch herangezogene Fachliteratur „Herauszugeben ist der Gewinn, der adäquat-kausal auf der Verletzungs-handlung beruht."[70] Gerade bei geschützten Werken, die wie der „Tripp-Trapp" Stuhl laut § 2 Abs. 1 Nr.4 UrhG zu denen der angewandten Kunst gehören, ist oft nicht allein die Verletzung maßgeblich für die Kauf-entscheidung. Vielmehr spielen auch andere Einflussfaktoren eine Rolle, wie z.b. die technische Funktionalität des Gutes oder der Preis.[71]Inwieweit entschieden sich die Käufer für den „Alpha" Stuhl, weil er dem „Tripp-Trapp" ähnlich sieht? Wie hoch dieser Anteil ist, liegt nach §287 ZPO im Ermessen des Gerichts.[72] Dieses hat hier großen Spielraum.[73] Das Berufungsgericht entschied sich hier infolge fehlender Kausalität der Urheberrechtsverletzung für den Verletzergewinn für einen Abschlag von nur 10%, den der BGH aufgrund nicht hinreichend deutlicher Begründung für rechtsfehlerhaft erklärte.[74] Dazu erläuterte er, dass es einer besonderen Begründung bedürfe, weshalb der Kauf einer unfreien Bearbeitung eines urheberrechtlich geschützten Werkes „allein oder auch nur überwiegend" davon abhängig sein soll, dass das bearbeitete Werk geschützte Züge aufweist, obwohl er gerade das charakteristische Merkmal des „Tripp-Trapp" Stuhls, die „L"-Form, nicht übernommen

---

[67] BGH, NJW 2009, S. 3722. OLG Hamburg, ZUM-RD 2002, ZUM-RD Jahr 2002 Seite 181.

[68] Dreyer/Kotthoff/Meckel: Urheberrecht, 2004, C. F. Müller Verlag, Heidelberg; S 1084 Rdnr. 30.

[69] BGH GRUR 1959, 379 – Gasparone.

[70] Dreyer/Kotthoff/Meckel: Urheberrecht, 2004, C. F. Müller Verlag, Heidelberg; S 1085 Rdnr. 30.

[71] BGH, NJW 2009, S. 3722.

[72] BGH GRUR 1993, 55, 59 – Tchibo/Rolex II; GRUR 1966, 570, 571 f. – Eisrevue III.

[73] BGH GRUR 1993, 55, 59 – Tchibo/Rolex II; GRUR 1966, 570, 571 f. – Eisrevue III.

[74] BGH, NJW 2009, S. 3725 Rdnr. 40.

hat.[75][76] Der BGH verwies diesen Aspekt der Verhandlung zurück an das Berufungsgericht und machte deutlich, dass das gestalterische Element eines Kinderstuhls „keinesfalls die einzige und nicht einmal die wesentliche" Motivation zum Kauf eines bestimmten Stuhls darstelle.[77] Es liege in der Beweislast der Klägerin, dass der Verletzergewinn auf der Urheberrechtsverletzung beruht.[78] Während so das Berufungsgericht zunächst 10% des Gesamt-gewinns abgezogen und erst anschließend den Gemeinkostenanteil (1 Euro pro verkauften Stuhl) kürzte und somit auf einen Schadenersatzanspruch von 357.253 Euro kam, rügte der BGH die Berechnungsfolge als nicht richtig.[79] Diese führe zu einem sich auf die Vertriebskosten erstreckenden Kausalitätsabschlag.[80]Daher sind zunächst Vertriebskosten abzuziehen und erst danach der Verletzergewinn um den Kausalitätsabschlag zu mindern, was zu einem Schadensersatzanspruch von bis zu 361.654 Euro führt.[81] Gemeinsam mit den Ansprüchen gegenüber der Hauck Hong Kong Ltd. und der Hauck GmbH & Co KG stehen der Klägerin bis zu 610.954 Euro zu.[82] Darüber hinaus definierte der BGH weitere Schadenersatzansprüche aus der Klageerweiterung und verwies die Sache zurück an das Berufungsgericht.[83]

2. Die markenrechtliche Verletzung

2.1 Entstehung des Markenschutzes

Nach § 4 MarkenG kann Markenschutz auf drei Wegen zustande kommen. Zum einen (Abs. 1) durch die Eintragung in das vom Patentamt geführten Register, weiter (Abs. 2) durch die Benutzung im geschäftlichen Verkehr und aufgrund notorischer Bekanntheit einer Marke (Abs. 3). Ob ein Zeichen als schutzgenießende Marke angemeldet werden kann, regelt der § 3 MarkenG. Danach sind alle Zeichen markenrechtfähig, die geeignet sind, Waren oder Dienstleistungen eines Unternehmens von denjenigen anderer Unternehmen zu unterscheiden.[84] Da die Klägerin bereits nach § 3 Abs. 1 UrhG die Wortmarken

---

[75] BGH, NJW 2009, S. 3726 Rdnr. 45.

[76] BGH, NJW 2009, S. 3726 Rdnr. 47.

[77] BGH, NJW 2009, S. 3726 Rdnr. 46.

[78] BGH, NJW 2009, S. 3726 Rdnr. 45.

[79] BGH, NJW 2009, S. 3727 Rdnr. 57.

[80] BGH, NJW 2009, S. 3728 Rdnr. 58.

[81] BGH, NJW 2009, S. 3728 Rdnr. 58.

[82] BGH, NJW 2009, S. 3728 Rdnr. 58.

[83] BGH, NJW 2009, S. 3730 Rdnr. 80.

[84] Ekey/Klippel/Bender, §4 Rdnr. 4.

„TRIPP TRAPP", „STOKKE", sowie die Gemeinschaftsmarke „TRIP TRAP" eingetragen hat, steht hier ein Anzweifeln der generellen Schutzfähigkeit außer Frage.[85]

2.2 Verletzung

§ 14 MarkenG regelt den Tatbestand der Markenverletzung und die daraus entstehenden Ansprüche auf Unterlassung (Abs. 5) und Schadenersatz (Abs. 6). Die Klägerin ist der Ansicht, dass die Beklagte als Täterin oder Gehilfin, zumindest aber als Störerin für die Rechtsverletzungen der Verkäufer auf ihrer Plattform im Klageantrag zu a nach § 14 Abs. 2 Nr. 1 und Abs. 5 MarkenG hafte.[86] Auf dem von ihr geführten Internetmarkt-platz seien Kinderhochstühle anderer Hersteller unter Verwendung der Marken der Klägerin angeboten worden, ohne dass die Beklagte die ausreichenden und zumutbaren Maßnahmen traf, um dies zu verhindern.[87] Zu diesen gehört beispielsweise der manuelle Bildabgleich durch Mitarbeiter.[88] Ob die Beklagte Beihilfe leiste oder selbst täterschaftlich handelt ist davon abhängig, ob der Anbieter den Verkauf außerhalb oder innerhalb des geschäftlichen Verkehrs vornehme.[89]

2.3 Rechtsfolge

Zum einen urteilt der BGH, dass ein derart allgemeiner Verbotsantrag nach § 253 Abs. 2 Nr. 2 ZPO aufgrund der Tatsache unzulässig ist, dass auf diesem Weg sich die Beklagte nicht erschöpfend verteidigen kann.[90] Zum anderen sind zwar, wie das Berufungsgericht zutreffend angenom-men hat, identische Zeichen markenmäßig für Möbel und damit für identische Waren benutzt worden, für die die Marken Schutz genießen, jedoch hat es zu geringe Anforderungen an die Voraussetzungen einer Haftung der Beklagten als Täter oder Teilnehmer gestellt.[91] Täter ist danach derjenige, der die Zuwiderhandlung selbst oder in mittelbarer Täterschaft begeht (§ 25 Abs. 1 StGB) und für die Gehilfenhaftung wird neben einer objektiven Beihilfehandlung zumindest ein bedingter Vorsatz vorausgesetzt, der das Bewusstsein der Rechtswidrigkeit einschließen muss.[92] Dritten eine Internetplattform für Versteigerungen anzubieten erfüllt nicht die Merkmale einer Markenverletzung, da die Beklagte weder in bewusstem und gewolltem Zusammenwirken mit den Dritten wirkte, noch vorherige Kenntnis der automatisch eingestellten

---

[85] BGH, *Urteil* vom 22. 7. 2010 - I ZR 139/08 (OLG Hamburg) Kinderhochstühle im Internet.

[86] Wettbewerb in Recht und Praxis, Heft 2011/02 S. 223-230.

[87] Wettbewerb in Recht und Praxis, Heft 2011/02 S. 223-230.

[88] Wettbewerb in Recht und Praxis, Heft 2011/02 S. 223-230.

[89] Wettbewerb in Recht und Praxis, Heft 2011/02 S. 223-230.

[90] Wettbewerb in Recht und Praxis, Heft 2011/02 S. 223-230.

[91] Wettbewerb in Recht und Praxis, Heft 2011/02 S. 223-230.

[92] BGHZ 158, 236, 250 - Internet-Versteigerung I, m.w.N.; 172, 119 Tz. 31 - Internet-Versteigerung II.

Angebote besaß.[9394] Die Haftung als Störer kommt ebenfalls nicht in Frage, da hierfür ein Beitrag zu einer in irgendeiner Weise willentlichen und adäquat-kausalen Verletzung des geschützten Rechts Voraussetzung ist.[95] Überhaupt liegen den Anbietern von Diensten der Informationsgesellschaft keine allgemeinen Verpflichtungen auf, die von ihnen übermittelten oder gespeicherten Informationen zu überwachen oder aktiv nach Umständen zu forschen, die auf eine rechtswidrige Tätigkeit hinweisen.[96] Somit dürfen der Beklagten, die zu dieser Gruppe Anbieter gehört, keine Anforderungen auferlegt werden, die ihr von der Rechtsordnung gebilligtes Geschäfts-modell gefährden oder ihre Tätigkeit unverhältnismäßig erschweren.[97 98] Es ist davon auszugehen, dass ein manueller Fotoabgleich als Kontrolle jeglicher Angebote erforderlich ist.[99] Dies würde die Hinzuziehung eines mit der Materie vertrauten Juristen erfordern und wäre im Hinblick auf den damit verbundenen Aufwand für die Beklagte unzumutbar.[100] Darüber hinaus bietet die Beklagte Nutzern das VeRI-Programm an, welches gezielt Angebote herausfiltern kann, die eine markenrechtliche Verletzung begehen.[101] Somit ist nicht ohne weiteres einzusehen, warum die Beklagte der Klägerin eine Überprüfung von Markenverletzungen vornehmen soll, die die Klägerin als Schutzrechtsinhaberin mit gleichem Aufwand selbst bewältigen kann.[102] Demnach hat laut BGH die Beklagte keine ihr obliegende Prüfpflicht verletzt und ist von der Haftung ausgeschlossen.[103]

3. Wettbewerbsrechtliche Ansprüche

3.1 Anspruchsberechtigt

Bevor eine mögliche Schuld der Beklagten ermittelt werden kann, ist eine Anspruchsberechtigung seitens der Klägerin zu klären. Diese ist Mitbewerberin (§2 Abs. 1 Nr. 3 UWG) und somit stehen ihr nach § 8 Abs. 3 Nr. 1 UWG grundsätzlich Ansprüche zu. Gemeinsam mit § 8 Abs. 1 UWG als Grundlage, der sich ebenfalls auf § 3 UWG, dem Verbot unlauterer Handlung, bezieht, kann sie grundsätzlich Ansprüche

---

[93] Wettbewerb in Recht und Praxis, Heft 2011/02 S. 223-230.

[94] hierzu auch BGHZ 173, 188 Tz. 21 - Jugendgefährdende Medien bei eBay.

[95] Wettbewerb in Recht und Praxis, Heft 2011/02 S. 223-230.

[96] Art. 15 Abs. 1 der Richtlinie 2000/31/EG.

[97] vgl. BGHZ 158, 236, 251 - Internet-Versteigerung I; 172, 119 Tz. 47 - Internet-Versteigerung II; 173, 188 Tz. 39 - Jugendgefährdende Medien bei eBay.

[98] Wettbewerb in Recht und Praxis, Heft 2011/02 S. 223-230.

[99] Wettbewerb in Recht und Praxis, Heft 2011/02 S. 223-230.

[100] Wettbewerb in Recht und Praxis, Heft 2011/02 S. 223-230.

[101] Wettbewerb in Recht und Praxis, Heft 2011/02 S. 223-230.

[102] Wettbewerb in Recht und Praxis, Heft 2011/02 S. 223-230.

[103] Wettbewerb in Recht und Praxis, Heft 2011/02 S. 223-230.

stellen, insofern ein Wettbewerbsverstoß vorliegt. Die Grundsätze des §823 Abs. 1 BGB finden hier hingegen keine Anwendung, da sie auf die unberechtigte wettbewerbsrechtliche Abmahnung nicht übertragbar sind.[104]

3.2 Wettbewerbsverstoß

Nach der Vorschrift des § 6 Abs. 2 Nr. 6 UWG handelt derjenige, der vergleichend wirbt, unlauter, wenn der Vergleich eine Ware oder Dienstleistung als Imitation oder Nachahmung einer mit einem geschützten Kennzeichen vertriebenen Ware oder Dienstleistung darstellt. Darüber hinaus wird darin verboten, das eigene Produkt offen als diese geschützten zu bezeichnen. Angrenzend reicht allerdings die implizite Behauptung einer Imitation oder Nachahmung aus, wobei die dafür erforderliche Beurteilung im Einzelfall zu klären ist.[105] [106] So z.B. ob die Formulierungen „ähnlich" oder „wie" nur eine bloße Gleichwertigkeits-behauptung einleiten oder eine implizite Darstellung einer Nachahmung oder Imitation enthalten, da im Allgemeinen solch isolierte Formulierungen für eine klare Rechtverletzung allein nicht ausreichen.[107] Mit einer „entsprechenden Deutlichkeit" muss also eine Imitation oder Nachahmung beworben werden.[108] Ebenfalls Bestandteil der Klage war die Buchung von sogenannten Adword-Anzeigen bei der Suchmaschine Google, die bei Eingabe des Suchbegriffs „Tripp-Trapp" erschienen und einen Link zu Anzeigen führte, bei denen fremdfabrizierte Kinder-hochstühle im Zusammenhang mit der Klagemarke angeboten wurden.[109]

3.3 Rechtsfolge

Die Urteilsfällung gestaltet sich hier schwierig, da die Täterschaft der Beklagten ebenfalls die Buchung der Anzeigen bei Google beinhaltet, die die Klagemarke verletzen. Der BGH entschied die Sache an das Berufungsgericht zurück zu verweisen, da die nötige Reife für die Endentscheidung nicht erreicht wäre (§ 563 Abs. 1 ZPO).[110] Schließlich sei nicht geklärt, ob die Beklagte die Werbung bei Google mit der Bezeichnung „Trapp Tripp" in Auftrag gegeben hat und somit selbst täterschaftlich bei der Verletzung mitgewirkt hat.[111] Außerdem muss seitens der Beklagten genauer umschrieben und gegebenenfalls mit Beispielen unterlegt werden, was unter dem „Handeln der Anbieter im geschäftlichen Verkehr" zu

---

[104] hierzu BGHZ 164, 1 - Unberechtigte Schutzrechtsverwarnung, Wettbewerb in Recht und Praxis, Heft 2011/02 S. 223-230.

[105] vgl. EuGH, Urt. v. 18.6.2009 - C-487/07, Slg. 2009, I-5185 = GRUR 2009, 756 Tz. 75 = WRP 2009, 930 - L'Oréal/Bellure; BGH, Urt. v. 6.12.2007 - I ZR 169/04, GRUR 2008, 628 Tz. 26 = WRP 2008, 930 – Imitationswerbung.

[106] Wettbewerb in Recht und Praxis, Heft 2011/02 S. 223-230.

[107] Wettbewerb in Recht und Praxis, Heft 2011/02 S. 223-230.

[108] vgl. BGH, Urt. v. 1.10.2009 - I ZR 94/07, GRUR 2010, 343 Tz. 29 = WRP 2010, 527 – Oracle.

[109] Wettbewerb in Recht und Praxis, Heft 2011/02 S. 223-230.

[110] Wettbewerb in Recht und Praxis, Heft 2011/02 S. 223-230.

[111] Wettbewerb in Recht und Praxis, Heft 2011/02 S. 223-230.

verstehen ist, da das beantragte Verbot sich nur auf diese Angebote bezieht.[112] Somit hält die Annahme des Berufungsgerichts, der Klägerin stehe gegen die Beklagte ein Unterlassungsanspruch nach §§ 3, 6 Abs. 2 Nr. 6 i.V. mit § 8 Abs. 1 UWG zu, den Angriffen der Revision nicht stand.[113]

III Schluss

3. Fazit

Rechtsfolgen, wie der § 97 UrhG, sind integraler Bestandteil für den wirksamen Schutz immaterieller Güter.[114] Sie haben nicht nur die Funktion der Sanktion, also der Wirksamkeit und tatsächlichen Zahlung von Schadenersatz oder Einhaltung der Unterlassung, sie sind darüber hinaus ein Mittel der Abschreckung anderer potenzieller Rechtsverletzer.[115] [116] Trotzdem sind die Rechtsfolgen nicht zu dramatisch anzusetzen, da sonst Wettbewerber der Rechteinhaber allein aus Vorsichtsgründen von Handlungen absehen, die nach dem materiellen Recht an sich zulässig wären.[117] Es gilt die richtige Balance zu finden, da zu starke Rechtsfolgen so Innovation und Kreativität über Gebühr behindern und demzufolge auch gesamtwirtschaftlich ineffizient sind.[118] Vor allem, da das Urheberrecht nicht nur das Verhältnis konkurrierender Wettbewerber untereinander regelt, sondern auch Fälle klassischer Produktpiraterie, ist das richtige Gleichgewicht schwer zu definieren.[119] Durch die Gemeinkostenanteil-Entscheidung des BGH hat die im Immaterialgüterrecht anerkannte Möglichkeit, als Schadensersatz den vom Verletzer erzielten Gewinn herauszuverlangen, deutlich an Attraktivität gewonnen.[120] Die sowohl praxisrelevante als auch umstrittene Problematik und nun Entscheidung, wie der Verletzergewinn in so genannten Verletzerketten zu berechnen ist, kommt große praktische Bedeutung zu, da sowohl die vollständige Abschöpfung sämtlicher Verletzergewinne, als auch die Verneinung der Gesamtschuld durchaus diskussionswürdig sind.[121]

Das Markengesetz bestimmt klar das ausschließliche Recht, das dem Inhaber einer Marke zusteht. Neben § 4 ist die zweite zentrale Anwendungsvoraussetzung die der Handlungsform (im Gesetz

---

[112] Wettbewerb in Recht und Praxis, Heft 2011/02 S. 223-230.

[113] Wettbewerb in Recht und Praxis, Heft 2011/02 S. 223-230.

[114] Dreyer/Schulze, §97 Rdnr. 1.

[115] Dreyer/Schulze, §97 Rdnr. 1.

[116] Dreyer/Schulze, §97 Rdnr. 1.

[117] Dreyer/Schulze, §97 Rdnr. 1.

[118] Dreyer/Schulze, §97 Rdnr. 1.

[119] Dreyer/Schulze, §97 Rdnr. 1.

[120] Arnold, Slopek: NJW 2009, 3694.

[121] Arnold, Slopek: NJW 2009, 3694.

„Benutzung für Waren oder Dienstleistungen") und ist in § 14 Abs. 2 MarkenG geregelt. Ihr kommt vor allem große praktische Bedeutung zu, da sie über die Reichweite des Markenschutzes und damit zugleich über den Bedarf eines ergänzenden Schutzes gemäß § 1 UWG und §§ 12, 823 Abs. 1, 826 BGB entscheidet.[122] In den in dieser Themenarbeit behandelten Fällen, lässt sich gut erkennen, dass selbst, wenn ein Markenschutz besteht, dieser nicht die Inanspruchnahme sämtlicher mit der markenrechtlichen Verletzung in Zusammenhang stehenden Akteure rechtfertigt. So schränkt der BGH den Pflichtenkreis der Provider ein, deutet an, wie in der Praxis ausufernde Unterlassungspflichten zumindest eingeschränkt werden können und hält trotzdem die Tür für die Gehilfen-haftung durch Unterlassen offen, wo für die Provider die Gefahren des Urteils lauern.[123] Auch hier ist eine Interessenabwägung von großer Bedeutung, da das UWG im Gegensatz zum Bürgerlichen Recht nicht nur Individualinteressen, sondern auch die Interessen der Verbraucher, der übrigen Marktteilnehmer und der Allgemeinheit schützt (§ 1 UWG).[124]

---

[122] Ingerl/Rohnke, § 14 Rdnr. 63.

[123] Rechtsanwalt Dr. Christian Volkmann, Merleker Mielke, Berlin.

[124] Piper/*Ohly*/Sosnitza, UWG, § 8 Rdnr. 85.

IV Literatur

Bücher:

- ❖ Dreyer, Dr. Gunda / Kotthoff, Dr. Jost / Meckel, Dr. Astrid: Urheberrecht, C. F. Müller Verlag, Heidelberg 2004
- ❖ Ekey, Prof. Dr. Friedrich L. / Klippel, Prof. Dr. Diethelm / Bender, Achim, Markenrecht, Band 1, 2. Auflage, C. F. Müller Verlag, Heidelberg 2009
- ❖ Schack, Haimo, Urheber- und Urhebervertragsrecht, 4. Auflage, Mohr Siebck, Tübingen 2007
- ❖ Hefermehl, Wolfgang /Köhler, Helmut / Bornkamm, Joachim, Wettbewerbsrecht, 25. Auflage, C. H. Beck, München 2007
- ❖ Piper, Henning /Ohly, Ansgar /Sosnitza, Olaf, UWG, 5. Auflage, C. H. Beck Verlag, München 2010
- ❖ Wandtke, Arthur-Axel, Urheberrecht, 2. Auflage, De Gruyter, Berlin 2010
- ❖ Wöhrn, Kirsten-Inger, Designschutz in der Schiffbauindustrie – urheberrechtlicher und geschmacksmusterrechtlicher Schutz von Schiffsbauten, 1. Auflage, De Gruyter, Berlin 2009

Kommentare:

- ❖ Arnold, Bernhard / Slopek, David E. F., Die Herausgabe des Verletzergewinns nach der Tripp-Trapp-Entscheidung des BGH (NJW 2009, 3694) Düsseldorf
- ❖ Dreyer, Thomas/ Schulze, Gernot, Urheberrechtsgesetz Kommentar, 3. Auflage, München 2008
- ❖ Fromm, Friedrich Karl /Nordemann, Wilhelm, Urheberrecht Kommentar, 9. Auflage, W. Kohlhammer, Stuttgart, Berlin, Köln 1998
- ❖ Ingerl, Reinhard / Rohnke, Christian, Markengesetz, Kommentar, 2. Auflage, C. H. Beck, München, 2003
- ❖ Schoene, Volker, Kommentar BGH, Urteil vom 14.05.2009 - I ZR 98/06 (OLG Hamburg), BeckRS 2009, 21137 – „Tripp-Trapp-Stuhl"
- ❖ Schricker, Gerhard/Wild, Gisela, Urheberrecht, Kommentar, 2. Auflage, H . C. Beck, München 1999

❖ Volkmann, Christian, Merleker Mielke Berlin zum BGH, Urteil vom 22.07.2010 - I
   ZR 139/08 (OLG Hamburg), BeckRS 2010, 30638 – „Kinderhochstühle im Internet",
   GRUR-Prax 2011, 312987

❖ Wandtke, Arthur-Axel/Bullinger, Winfried, Praxiskommentar zum Urheberrecht, 3.
   Auflage, H. C. Beck, München 2009

Zeitschriften:

❖ Wettbewerb in Recht und Praxis, Heft 2011/02 S. 223-230

❖ Gewerblicher Rechtsschutz und Urheberrecht (GRUR), früher *Zeitschrift für
   gewerblichen Rechtsschutz,* 2011, 312987

❖ Neue justische Wochenzeitschrift (NJW) 2009, 3722 – BGH: Berechnung des
   Verletzergewinns in der Absatzkette – Tripp-Trapp-Stuhl

❖ HK-WettbR, Kotthoff § 1 UWG mwN